MARIA,
QUEM É ESSA MULHER?

DOM ITAMAR VIAN
PE. HIPÓLITO GRAMOSA
(Organizadores)

MARIA,
QUEM É ESSA MULHER?

EDITORA
SANTUÁRIO

Direção Editorial:	Pe. Fábio Evaristo R. Silva, C.Ss.R.
	Pe. Ferdinando Mancilio, C.Ss.R.
	Pe. Marlos Aurélio, C.Ss.R.
	Pe. Mauro Vilela, C.Ss.R.
	Pe. Victor Hugo Lapenta, C.Ss.R.
Coordenação Editorial:	Ana Lúcia de Castro Leite
Copidesque:	Luana Galvão
Revisão:	Denis Faria
Diagramação e Capa:	Mauricio Pereira

Dados Internacionais de Catalogação na Publicação (CIP)
(Câmara Brasileira do Livro, SP, Brasil)

Maria, quem é essa mulher? / Itamar Vian, Hipólito Gramosa, (organizadores). – Aparecida, SP: Editora Santuário, 2017.

ISBN 978-85-369-0511-2

1. Espiritualidade 2. Igreja Católica – História 3. Maria, Virgem, Santa – Devoção 4. Maria, Virgem, Santa – História 5. Orações 6. Testemunhos (Cristianismo) I. Vian, Itamar. II. Gramosa, Hipólito.

17-06981   CDD-232.91

Índices para catálogo sistemático:
1. Maria, mãe de Jesus: Doutrina cristã 232.91

1ª impressão

Todos os direitos reservados à EDITORA SANTUÁRIO – 2017

Rua Pe. Claro Monteiro, 342 – 12570-000 - Aparecida-SP
Tel.: 12 3104-2000 – Televendas: 0800 - 16 00 04
www.editorasantuario.com.br
vendas@editorasantuario.com.br

Sumário

Apresentação 7
Introdução 9

I. Celebrações litúrgicas marianas 13
Natividade de Nossa Senhora 15
Anunciação do anjo Gabriel a Maria 18
Visitação de Maria 20
As sete dores de Nossa Senhora 22

II. Testemunhos sobre Nossa Senhora 27
Atitudes de Maria 29
Maria e a Igreja Missionária 31
Mãos de Maria 34
Maria, nossa intercessora 36
Mãe da Misericórdia 38
Salve-Rainha 41
Cântico do Magnificat 43
Valor do Santo Rosário 45
O sim de Maria 47
Maria, minha Mãe! 49

III. Dogmas Marianos 51
Dogmas na Igreja católica 53
Maternidade divina 55
Virgindade perpétua 58

Imaculada Conceição 61
Assunção ao céu 66

IV. Devoção a Maria 71
Aparições de Nossa Senhora 72
Nossa Senhora Aparecida 74
A mensagem de Aparecida 77

V. Orações marianas 81
Ave-Maria 83
Anjo do Senhor 83
Rainha dos céus 83
Lembrai-vos 84
A vossa proteção 84
Cântico do Magnificat 84
Salve-Rainha 85
Consagração a Nossa Senhora 85
Oração de São João Paulo II 86
Oração a Nossa Senhora Aparecida 86

Conclusão 87

Apresentação

Vivemos em uma cultura em que cada um vive seu mundo, escolhe seu destino, seguindo sua própria verdade. Prevalecem unicamente a autonomia e a liberdade do indivíduo. De outro lado, a indiferença para com os outros e para com o mundo é uma realidade preponderante, e, assim, as pessoas, com seus anseios, vêm em segundo plano. Seus problemas não nos dizem respeito. Cada um vai vivendo isolada e perdidamente em seu próprio individualismo. Realmente, estamos diante de uma profunda *crise de credibilidade*. Como enfrentá-la? É possível superá-la e construir um mundo de paz e de justiça tão sonhados? Em quem confiar? Quais são nossos modelos e nossas referências?

Sem dúvida, a vida totalmente doada de uma jovem mulher, chamada Maria de Nazaré, que aceitou realizar, em sua existência, a utopia de um reino de paz, justiça e salvação para todos – "um novo céu, uma nova terra" –, realizados plenamente na pessoa do Filho unigênito de Deus, é, ainda hoje, capaz de ser uma atitude convincente para o homem e mulher contemporâneos.

Maria, quem é essa mulher? é o título deste livro, escrito a duas mãos, com simplicidade, sabedoria e segura fundamentação teológica, pelos queridos irmãos Dom Itamar Vian e o Padre Hipólito Gramosa, o qual tenho a alegria de fazer sua apresentação. Os autores nos falam de Maria, contam-nos sobre sua vida e, por isso, eles nos aguardarão a nos aproximar de Deus e de seu mistério salvífico.

Esta obra é, com certeza, um presente para muitos de nós; um excelente texto que nos ajudará a aprofundar aspectos de nossa fé católica, como também viver a vida eclesial, a espiritualidade mariana e, particularmente, uma consciente devoção à mãe de Jesus.

† ***Zanoni Demettino Castro***
Arcebispo Metropolitano de Feira de Santana

Introdução

O presente livro tem como objetivo oferecer uma oportunidade a nosso povo de ter acesso a algumas noções doutrinais, espirituais e pastorais sobre a pessoa e a presença de Maria de Nazaré na vida da Igreja de Jesus Cristo. Ela, como nos ensina o Concílio Ecumênico Vaticano II[1], na constituição dogmática *Lumen Gentium* – sobre a natureza e a missão da Igreja – no capítulo VIII, é modelo da Igreja, que caminha nas estradas do mundo rumo à pátria definitiva. Em Maria, mãe de Jesus, já se realizou o que toda Igreja deverá ser na eternidade.

Este trabalho não é um tratado de teologia, mas uma fala modesta sobre Maria, a mãe de Jesus Cristo e nossa mãe espiritual, para nos ajudar a adentrar em sua escola, no seguimento de Jesus, do qual ela é a primeira discípula e testemunha fiel no mundo. Com razão, o papa Paulo VI, na exortação apostólica pós-sinodal, *Evangelii Nuntiandi*, chamou a mãe de Jesus de "estrela da evangelização" (EN, 14). Maria é aquela que primeiro deu testemunho e anunciou Cristo. Ela traz consigo o Filho de Deus, porque, antes de concebê-lo em seu ventre, concebeu-o em seu coração; ela primeiro escutou e pôs em prática a Palavra de Deus. Quem escuta a Palavra de Deus e a põe em prática gera Jesus dentro de si, do coração das pes-

---

[1] Grande assembleia dos Bispos da Igreja católica do mundo inteiro, acontecido em Roma – 1962-1965 –, quando se refletiu sobre muitos assuntos relacionados à Igreja: sua natureza, identidade e missão no mundo atual.

soas e dos diversos ambientes onde atuar. Jesus mesmo nos diz: "Quem são os meus irmãos e minhas irmãs, meu pai e minha mãe? É todo aquele que escuta minha Palavra e a põe em prática" (Mt 7,24).

O texto é constituído de cinco itens: o primeiro trata das quatro importantes festas litúrgicas marianas da Igreja católica, nas quais são evidenciados aspectos da pessoa, da vida e da missão de Maria, e que também estão inseridos no mistério da salvação da humanidade. Com as celebrações litúrgicas marianas, a Igreja nos ensina que a pessoa de Maria, em sua própria vida, está sempre relacionada à pessoa de Jesus Cristo. Somente em função de Jesus, a fé da Igreja católica em Maria encontra seu profundo significado original; por isso a devoção mariana, que a Igreja nutre no coração de seus fiéis, é ao mesmo tempo, uma fé cristocêntrica[2]; por esse motivo, fora do mistério da encarnação, morte, ressurreição e ascensão de Jesus ao céu, a devoção mariana perde sua razão de ser.

O segundo item trata de alguns testemunhos de homens de Igreja, como o do papa Francisco e de outros, sobre a pessoa da Virgem Maria e de sua presença no coração da fé católica.

O terceiro item trata dos quatro dogmas marianos, princípios doutrinários da fé católica, sobre a presença de Maria no projeto salvífico do Pai para a humanidade. São os dogmas da maternidade divina, da virgindade

---

[2] Cf. Paulo VI, Carta encíclica *Marialis Cultus*, n. 7.

perpétua, da imaculada conceição e da assunção de Maria ao céu em corpo e alma.

O quarto item trata da devoção a Maria, enfocando as aparições como realidades que estão no âmbito da história da Igreja, contudo realidades que pertencem às chamadas revelações particulares. Isto é, não é revelação pública, portadora de um conteúdo doutrinal oficial da fé católica. Assim, crer nas aparições de Nossa Senhora e de outros santos não é doutrina obrigatória da Igreja. Apreciar seus conteúdos, frutos das mensagens de aparições, pode ajudar, dependendo do fiel, a viver melhor a fé cristã e a seguir Jesus Cristo. Porém não é dogma de fé, como se deve crer nos dogmas da ressurreição de Jesus, da eucaristia, ou até mesmo nos quatro dogmas marianos.

Enfim, o quinto item trata de algumas orações marianas da tradição católica, elaboradas pela Igreja, ao longo de sua história, para expressar seu carinho, respeito e confiança na mãe de Jesus, como também invocar sua intercessão materna, junto a Jesus, a favor da humanidade. Dessa maneira, a pequena obra é um apelo para continuarmos na escola da discípula fiel do mestre Jesus Cristo, para que, assim como ela, também nós possamos ser fiéis discípulos e dispensadores dos bens divinos em prol de toda humanidade.

Esperamos que a leitura deste livro seja mais uma oportunidade para você crescer na fé da Igreja católica, que dá um destaque especial à mãe de Jesus e nossa mãe espiritual. Maria nos ensina a ser de Jesus, para que, sendo totalmente dele, possamos, com liberdade interior, ser dos irmãos e das irmãs, servindo-os por Cristo e em Cristo.

I

Celebrações litúrgicas Marianas

Natividade de Nossa Senhora
(8 de setembro)

Na Igreja católica, celebramos numerosas festas de santos. Entretanto não se celebra a data de nascimento, mas a de morte, por corresponder ao dia de sua entrada na eternidade. Contudo, somente em três casos, comemoram-se as festas no dia do nascimento para este mundo: Jesus Cristo, festa de Natal, em 25 de dezembro; João Batista, em 24 de junho, e a de Maria de Nazaré, a Mãe de Jesus, em 8 de setembro.

Nós, homens e mulheres, estamos sempre querendo algo mais. Queremos a vida, queremos a felicidade, queremos bem-estar, queremos justiça, queremos paz. De fato, tudo fazemos para possuirmos aquilo que desejamos, nem que para isso arrisquemos nossa própria vida.

Deus não precisa de nada, mas, por amor a nós, criados a sua imagem e semelhança, quis se fazer um de nós. Para isso, preferiu nascer de uma mulher. Como nos diz a Bíblia sagrada: "Chegada a plenitude dos tempos, Deus enviou seu Filho nascido de uma mulher [...]" (Gl 4,4). Se tivéssemos o poder de criar nossa mãe? Como nós a criaríamos? Mas Jesus Cristo, Senhor e Deus, que tem poder sobre o céu e sobre a terra (cf. Mt 28,18), criou sua Mãe. E como Ele a criou? Com perfeição, a mais pura e a mais santa, sem pecado para que, ao nascer dela, segundo a carne, nenhuma mancha pudesse herdar (cf. Hb 4,15). Por isso habitou em lugar sagrado, livre de todo mal, como é sua pessoa.

A natividade de Nossa Senhora é a festa de seu nascimento e é celebrada desde o início do cristianismo. O profundo significado dessa festa é o próprio Jesus Cristo, nascido de Maria para ser nosso Salvador. É certo que Maria gerou Jesus na carne, mas é verdade que Deus criou Maria, em estado de perfeita comunhão com Ele mesmo, preservando-a do pecado original. E Maria, com sua liberdade, disse sim ao projeto divino, mas continuou atenta à vontade de seu Criador, sintonizada com ela, durante toda a sua existência. Ela é a segunda Eva que, ao contrário da primeira Eva, foi fiel ao projeto salvador de Deus, até as últimas consequências. Por isso foi proclamada pelo Espírito Santo, na voz de Isabel, sua prima, a "cheia de graça", isto é, repleta de vida divina; a criatura mais semelhante a Deus entre todas as criaturas: A "bendita entre todas as mulheres!" (Lc 1,42).

Quando Deus criou o mundo, terminou dizendo que tudo estava bem-feito (cf. Gn 1,3.31), mas, em Maria, superou toda a criação e a colocou acima de todas as criaturas: "Deus fez em mim grandes coisas [...]!" (Lc 1,46). Maria é o sonho de Deus. Jesus a ornamentou com toda a beleza divina. Assim o grande escritor e literário, Padre Antônio Vieira, em seu Sermão sobre o nascimento da Mãe de Jesus, exclamou:

> [...] perguntai aos enfermos para que nasce esta Celestial Menina, dir-vos-ão que nasce para Senhora da Saúde; perguntai aos pobres, dirão que nasce para Senhora dos Remédios; perguntai aos

desamparados, dirão que nasce para Senhora do Amparo; perguntai aos desconsolados, dirão que nasce para Senhora da Consolação; perguntai aos tristes, dirão que nasce para Senhora dos Prazeres; perguntai aos desesperados, dirão que nasce para Senhora da Esperança; os cegos dirão que nasce para Senhora da Luz; os discordes: para Senhora da Paz; os desencaminhados: para Senhora da Guia; os cativos: para Senhora do Livramento; os cercados: para Senhora da Vitória. Dirão os pleiteantes que nasce para Senhora do Bom Despacho; os navegantes: para Senhora da Boa Viagem; os temerosos da sua fortuna: para Senhora do Bom Sucesso; os desconfiados da vida: para Senhora da Boa Morte; os pecadores todos: para Senhora da Glória. E se todas estas vozes se unirem em uma só voz [...], dirão que nasce [...] para ser Maria e Mãe de Jesus[3].

Na Bíblia, no livro dos Provérbios, há um trecho que a tradição da Igreja aplica à mãe de Deus, que assim diz:

Há séculos eu fui formada, desde o começo, antes da criação do mundo. Os abismos ainda não existiam, e eu já nascera; quando as fontes das águas ainda não haviam brotado, eu estava ali; quando impunha ao mar seus limites para que as águas não transpusessem as margens; quando colocava os fundamentos da terra, eu estava junto dele (Pr 8,22-31).

---

[3] VIERA, Padre Antônio. *Sermões*. Erechim: EDELBRA, 1998. vol. VIII.

É por isso que um dia Isabel exclamou: "Bendita és tu entre as mulheres e bendito é o fruto do teu ventre. Donde me vem a honra de receber a visita da mãe do meu Senhor"? (Lc 1,41-43).

Anunciação do anjo Gabriel a Maria
(25 de março)

Em 25 de março, a Igreja católica celebra a festa da Anunciação a qual consiste na boa notícia que o anjo Gabriel deu a Maria de Nazaré: Deus a havia escolhido para ser a mãe do Redentor. Com essa celebração, a Igreja quer evidenciar a pedagogia divina, recordando-nos de que Deus quis entrar na história da humanidade e, para isso, utilizou-se do jeito humano, nascendo de uma família humana e, assim, ser um de nós, para nos salvar. Desse modo, no momento em que Maria recebeu o convite de Deus, por meio do anjo Gabriel, dando sim a Ele, assim também toda a humanidade, em Cristo, deu um sim ao eterno Pai, pois Jesus é o sim de Deus ao homem e o sim do homem a Deus.

A data 25 de março corresponde à de 25 de dezembro, da qual se distancia, exatamente, nove meses, tempo da gestação do Filho de Deus, segundo a carne no seio puríssimo de Maria. O acontecimento da anunciação do anjo Gabriel a Maria é uma verdadeira festa da encarnação do

Verbo de Deus, em seu seio virginal, tanto quanto a festa do próprio nascimento de Jesus Cristo, seu Natal. Dessa maneira, o eterno Pai escolheu Maria para cooperar ativamente no mistério da redenção humana e lhe anunciou, por meio do anjo, sua vontade. Maria, por sua virgindade, sua fé e por sua disponibilidade interior aos desígnios do Pai, correspondeu perfeitamente aos apelos divinos. Nesse dia, ela ficou sabendo que "encontrou graça junto de Deus" (Lc 1,30) e que iria conceber um Filho, que seria santo e chamado filho do Altíssimo (cf. Lc 1,31-32).

O Concílio Vaticano II ensina que, "pelo anúncio do anjo, Maria acolheu em seu coração e em seu corpo o Verbo eterno de Deus e trouxe a vida ao mundo" (LG, 53). Assim se realizou a profecia do profeta Isaías, quando disse que Deus se tornou o "Emanuel, o Deus conosco" (Is 7,14).

Com o anúncio do anjo Gabriel a Maria, Deus eliminou a infinita distância que havia entre Ele e a humanidade. Por um ato de seu poder e benevolência infinitos, Ele realizou o que para mente humana parecia impossível: uniu sua própria natureza divina à verdadeira natureza humana; a um corpo e alma como o nosso. E o que nos deixa mais ainda admirados é que, dessa união, não resultou um ser com duas personalidades, a de Deus e a de homem; mas, ao contrário, as duas naturezas se uniram em uma só pessoa, a do Verbo eterno do Pai – Jesus Cristo, verdadeiramente Deus e homem.

São João nos diz que o "Verbo se fez carne e habitou entre nós" (Jo 1,1), ou seja, que a segunda Pessoa da Santíssima Trindade, Deus-Filho, encarnou-se, fez-se homem. Essa união de duas naturezas em uma só pessoa recebe o nome especial: *união hipostática* (do grego, *hipóstasis*, significa o que está por baixo). Por isso, essa festa litúrgica da Igreja nos faz recordar e reviver, na fé, mediante os ritos, o mistério da encarnação do Verbo eterno de Deus, assumindo tudo em nós para nos recolocar na comunhão definitiva com o Criador, conforme seu plano original. Isto é, no mesmo estado de pureza que Deus nos criou.

Visitação de Maria
(31 de maio)

A festa da Visitação de Maria de Nazaré à mãe de João Batista, sua prima Isabel, está entre os principais eventos de sua vida. Após a anunciação do anjo, Maria visitou Isabel, prestando-lhe serviços (cf. Lc 1,39-40). Imaginemos os nobres sentimentos que se apossaram da alma de Maria, quando envolvida por esse acontecimento divino; ela cheia de alegria meditava o mistério da encarnação do Verbo divino, que lhe fora anunciado pelo arcanjo.

No final do século XIII, os padres Franciscanos celebravam a festa da Visitação de Nossa Senhora a sua prima Isabel. Mas, somente a partir do século XV, essa festa foi introduzida, progressivamente, no calendário universal da Igreja pelo papa Bonifácio IX, e, depois, o papa Clemente VIII compôs os textos litúrgicos usados até a última reforma litúrgica do calendário romano. Com a festa da Visitação de Maria, a Igreja quer dar um destaque especial à participação de Maria no mistério pascal de Cristo, que tem seu momento conclusivo com a festa de Pentecostes, momento em que a Igreja, esposa da Palavra encarnada – a comunidade do Espírito Santo –, é inaugurada, também, como a comunidade missionária.

A Visitação é o mistério da caridade efetiva com a qual Maria Santíssima se coloca a caminho e em atitude de solidariedade com sua prima Isabel. Sua humildade não impediu de reconhecer as grandes coisas que Deus realizou em sua pessoa. Quis comunicar a Isabel a alegria do anúncio, que recebera do próprio Deus para ser a mãe do Salvador da humanidade. Assim, grávida do Filho de Deus, Maria é a morada do Altíssimo. Como tal, ela é reverenciada por Isabel quando esta exclama, chamando-a de "cheia da Graça" (Lc 1,39-56). Deus vem, finalmente, morar entre nós, porém sua morada não é mais um templo de pedra, é uma pessoa chamada Maria de Nazaré. A partir da encarnação de Jesus no seio de Maria, não será mais com pedras que se há de construir a habitação de Deus na terra, mas será com a fé, o amor, a esperança e a solidariedade, virtudes vividas radicalmente por Maria.

Qual é a grande mensagem dessa celebração para nós? Perceber que Maria é missionária de Deus, pois com a festa da Visitação aprendemos uma grande lição: não podemos reter o Cristo para nós mesmos. Precisamos anunciá-lo aos outros! Sem temer os perigos do caminho, Maria empreende sua jornada para ajudar sua prima Isabel a dar à luz seu filho, fruto do milagre de Deus na vida daquele casal estéril e já de idade avançada, porque para Deus nada é impossível (cf. Lc 1,39-80). Com a presença de Maria, Isabel fica repleta do Espírito Santo. A pergunta de Isabel demonstra a dignidade de Maria: "Como mereço que a mãe do meu Senhor venha me visitar?" Isabel louva Maria, sobretudo, pela sua fé, pois ela concebeu o Salvador da humanidade (cf. Lc 1,39-80).

Com sentimentos de gratidão à grandeza e bondade de Deus, Maria expressará, na presença de sua prima, o hino do *Magnificat*: "A minha alma engrandece o Senhor, e o meu espírito exulta em Deus, meu Salvador" (Lc 1,46-47). Depois, Maria continuou com Isabel por mais algum tempo, aguardando o rito de imposição do nome do menino, o qual foi chamado de João e que depois recebeu o título de "batista", por ser aquele que, com o batismo de água, preparou o povo para receber Jesus Cristo, o filho de Maria; aquele que batizou com o fogo do Espírito Santo, como mesmo disse João Batista.

As sete dores de Nossa Senhora
(*15 de setembro*)

A devoção às sete dores de Maria surgiu na Idade Média, dando origem a esta celebração, difundida pela ordem dos Servos de Maria e depois pela própria Igreja, oficialmente, por meio do papa Pio VII em 1814. Celebrada após a festa da Exaltação da Santa Cruz (14 de setembro), ela recorda a presença de Maria aos pés da cruz de Jesus.

A devoção às sete dores de Maria tem fundamento bíblico, nas palavras do velho Simeão: "Tua alma será atravessada por uma espada de dor" (Lc 2,35), e São João evidencia a presença de Maria ao pé da cruz: "Junto à cruz de Jesus estava de pé a sua Mãe" (Jo 19,25).

Os sofrimentos de Jesus Cristo foram também os grandes sofrimentos de Maria. Ninguém participou mais ativamente do sacrifício de Cristo do que ela. Maria sofreu com Jesus, porque Ele era seu Filho. E foi no monte Calvário que Ele, antes de morrer, vendo sua mãe e o discípulo amado, disse-lhe: "Mulher, eis aí o teu filho!" Depois disse ao discípulo: "Eis aí a tua Mãe!" (Jo 19,26-26).

Quais foram os grandes sofrimentos de Maria? A Igreja resume em sete dores: Maria sente sua primeira dor quando acolhe a profecia de Simeão, que diz: "Uma espada de dor transpassará teu coração" (Lc 2,34-35). A dor de saber que teria sofrimentos maiores pela frente não a fez esmorecer. Ela encontrou, em Deus, a força necessária para abraçar sua missão.

A segunda dor foi ao fugir para o Egito com Jesus e seu esposo José (cf. Mt 2,13-15). Ela fugiu para salvar seu Filho da ambição e da prepotência presentes no coração de Herodes. A espada, que matou os inocentes, foi também a espada de dor, que transpassou o coração da mãe da Humanidade. Ainda hoje, a vida é ameaçada e corre perigo por causa dos "Herodes" de hoje: as leis desumanas, os salários injustos, o aborto e diversas situações de injustiça.

A dor da perda de Jesus no templo (cf. Lc 2,43-45) talvez tenha sido a mais dolorosa, pois em todas as outras tinha a presença física de Jesus. E nesta ela se viu só, tendo o filho ausente e sem saber onde ele estaria. Muitas mães, hoje, choram a perda dos filhos e, quando os encontram, não estão no templo de oração ou na igreja, mas no mundo do crime, das drogas e da prostituição.

A quarta dor foi encontrar seu filho no caminho do Calvário (cf. Jo 19,17). Ela sentiu, em seu coração, a dor de ver exposto ao sofrimento aquele que veio unicamente para testemunhar a paz, a justiça e a fraternidade. Seu filho inocente foi condenado à morte.

A quinta dor foi ver seu filho morrer na cruz (cf. Jo 19,25-27). Ainda hoje, a cruz pesa nos ombros de muitas famílias: a cruz do desemprego, da miséria, da doença, do abandono e da humilhação. Apesar do sofrimento, Maria se fortaleceu, percebendo que este era o início de um novo tempo! Era a vitória da vida sobre a morte; do bem sobre o mal!

A sexta dor foi ao acolher, em seus braços, Jesus descido da cruz (cf. Mt 27, 57-59). Nessa hora, Maria se lembrou da profecia de Simeão: "Uma espada de dor transpassará a tua alma". Maria recorda as mães que recebem em seus braços um filho sem vida. Maria sentiu profundamente a perda do filho, mas acreditou na ressurreição!

A sétima dor, que transpassou o coração de Maria, foi sepultar o corpo de seu filho Jesus (cf. Jo 19,40-42). Ela, que já presenciara o sofrimento de Cristo e sua morte na cruz, iria separar-se de seu filho. Com aquele corpo, Maria queria enterrar toda maldade, toda violência do mundo. Ela não se abateu com a dor diante do túmulo de seu filho. Animou os apóstolos e deu-lhes coragem de continuar o caminho iniciado por Jesus.

Maria transformou suas dores em sinais de esperança. Nessas dores, ela nos inspira gestos de bondade, capazes de curar as feridas que machucam tantos corações humanos. Diante do sofrimento, Maria de Nazaré nos ensina a sofrer com dignidade, sermos firmes na fé, serenos na dor e perseverantes nas atitudes de defender a vida. Com Maria, podemos buscar caminhos de ressurreição na família, na política, na cultura, nos grupos e nas comunidades humanas de modo geral.

II

Testemunhos sobre Nossa Senhora

Atitudes de Maria
(Papa Francisco)

Maria enfrenta o caminho de sua vida com grande realismo, humanidade e consistência. Três palavras resumem sua atitude: *Escuta, decisão* e *ação*. Elas indicam um caminho também para nós diante daquilo que o Senhor nos pede.

Escuta – De onde nasce o gesto de Maria de visitar sua prima Isabel? De uma palavra do Arcanjo Gabriel: "Também Isabel, tua parente, concebeu um filho em sua velhice" (Lc 2,3). Maria sabe ouvir a Deus. Não se trata de um simples "escutar", um ouvir superficial, mas é uma "escuta" feita de atenção, de acolhimento e de disponibilidade à vontade de Deus. Não é o modo distraído com que, às vezes, nos colocamos diante do Senhor ou perante os outros: escutamos as palavras, mas não ouvimos verdadeiramente. Maria está atenta a Deus, mas ouve também os acontecimentos. Está atenta à realidade concreta e não se limita à superfície, mas vai às profundezas, para compreender seu significado. Sua parente Isabel, que já era idosa, estava grávida. Este é o acontecimento, mas Maria estava atenta ao significado e soube compreendê-lo: "A Deus nada é impossível" (Lc 1,37). Isto é válido também em nossa vida. Escutar Deus, que nos fala, e escutar também as pessoas e os acontecimentos a nosso derredor. Maria é a mãe da escuta atenta de Deus e da escuta igualmente atenta dos acontecimentos da vida.

Decisão – Maria, como o evangelista Lucas ressalta, "ponderava tudo no seu coração" (Lc 2,19.51). No momento decisivo da Anunciação do anjo, ela perguntou: "Como acontecerá isto [...]?" (Lc 1,34). Mas não se deteve na reflexão. Deu um passo em frente: decidiu-se. E isso acontece tanto na escolha fundamental que mudou sua vida: "Eis a serva do Senhor" (Lc 1,38), como nas opções mais cotidianas. E então vem a meu pensamento o episódio das bodas de Caná (cf. Jo 2,11). Também aí se vê o realismo, a humanidade e a consistência de Maria, que permanece atenta aos acontecimentos e aos problemas.

Na vida é difícil tomar decisões; muitas vezes, tendemos a adiá-las ou deixar que outras pessoas decidam por nós. Frequentemente, preferimos deixar-nos levar pelos acontecimentos, seguir a moda do momento; às vezes, sabemos o que devemos realizar, mas não temos a coragem de fazê-lo, ou parece-nos demasiado difícil, porque significa ir contra a corrente. Na Anunciação, na Visitação e nas Bodas de Caná, Maria foi contra a corrente; pôs-se à escuta de Deus, meditou, procurou compreender a realidade e decidiu confiar-se totalmente ao Senhor.

Ação – Maria pôs-se a caminho "apressadamente" (Lc 1,39), não obstante as dificuldades, as críticas que teria recebido devido a sua decisão de partir. Não se deteve diante de nada. E assim foi depressa. Santo Ambrósio comenta: "A graça do Espírito Santo não permite demoras". O agir de Maria foi uma consequência de sua obediência às palavras do anjo, mas unida à caridade. Foi visitar Isabel para ser útil; e, nesse gesto de sair de sua casa, de si mesma, por amor, levou consigo aquilo que possuía de mais precioso: Jesus, seu filho unigênito. Às vezes, também nós nos limitamos à escuta, à reflexão sobre aquilo que deveríamos concretizar e, talvez, compreendamos claramente a decisão que devemos tomar, mas não realizamos a passagem para a ação. E, sobretudo, não vamos ao encontro dos outros, para lhes prestar nossa ajuda, nossa compreensão e nossa caridade, para levar também nós, a exemplo de Maria, aquilo que possuímos de mais precioso: Jesus e seu evangelho.

Maria e a Igreja Missionária
(Cardeal Odílio Pedro Scherer)

É significativa a referência que os Atos dos Apóstolos fazem a Maria, no início da vida da Igreja; os apóstolos estavam reunidos no cenáculo, com mais algumas pessoas, à espera do Espírito Santo prometido por Jesus (At 1,8). Maria também está lá; continua presente na vida dos "irmãos de Jesus", que também são seus filhos.

E assim continuou, ao longo de toda a história da Igreja, que é a comunidade dos discípulos de Jesus. A Igreja sempre venerou Maria e lhe devotou honra e reverência especial. Onde Jesus está com seus discípulos, ali Maria também está. Onde estão os discípulos, a Mãe do Senhor não pode faltar. Jesus, Igreja, e Maria andam sempre juntos. Ela é a Mãe da Igreja, e, portanto, os cristãos têm com ela uma relação filial, por vontade do próprio Jesus.

Após receber o anúncio do anjo Gabriel de que ela seria a mãe do Salvador, Maria "partiu apressadamente para a região montanhosa, dirigindo-se a uma cidade de Judá. Entrou na casa de Zacarias e saudou Isabel" (Lc 1,39-40). A cena pode ser interpretada de muitas maneiras, mas é certo que aqui Maria é a imagem da Igreja "em saída missionária".

Cheia do Espírito Santo e da "Palavra de Deus", que nela se fazia carne e por ela vinha habitar no meio de nós, Maria estava repleta de Deus e não escondeu a graça que recebeu; foi logo compartilhar com a família de Zacarias e Isabel, impulsionada pela "alegria do Evangelho", levou essa alegria de Deus para dentro da casa de sua parenta e proclamou as maravilhas que Deus realizou nela, em favor de todos aqueles que estivessem prontos para acolher a Deus em suas vidas.

Isabel e João Batista, ainda não nascido, foram contagiados por essa visita missionária e também exultaram de alegria. A casa que se abriu para a Mãe de Jesus também sentiu logo a presença do próprio Jesus. Onde entra Maria, entra Jesus; onde está Jesus, Maria também está. Na Igreja, ela tem a missão de mostrar Jesus, "o bendito fruto de seu ventre", e de ajudar-nos a ouvir sua palavra: "fazei tudo o que Ele vos disser".

Todos nós, discípulos missionários de Jesus Cristo, a exemplo de Maria, deveríamos ter a mesma "pressa" para levar o Evangelho da salvação aos outros. A graça de Deus, experimentada em nossa vida, não deve ficar escondida e guardada só para nós. A Igreja precisa, atualmente, reencontrar o fervor missionário, que vem da alegria do Evangelho. As visitas missionárias, feitas muitas vezes com a imagem de Nossa Senhora, podem ter um grande fruto!

Temos urgente necessidade de transmitir a fé às novas gerações, a partir das próprias famílias, que podem fazer muito para a iniciação cristã de seus filhos. O papa Francisco tem feito constantes apelos para que sejamos uma Igreja "em saída missionária" e "em estado permanente de missão". Disso depende o futuro da vida e da missão da Igreja.

Maria, portanto, cheia de fé e confiança em Deus, é a discípula fiel, que acolheu com inteira disponibilidade o desígnio salvador de Deus, por meio de seu Filho Jesus, e colaborou com Ele. Por isso ela é estímulo e exemplo para todos os discípulos de Jesus; ela é a Mãe consoladora dos cristãos, em todas as suas necessidades. Ela é nossa intercessora junto de seu Filho Jesus. Nossa Senhora missionária, rogai por nós.

Mãos de Maria
(Dom Murilo S. R. Krieger)

No Calvário, junto à cruz, estava de pé Maria. Nessa hora, uma das últimas preocupações de Jesus foi a de confiá-la ao apóstolo João: "Eis aí tua mãe"! O próprio evangelista nos testemunha que "dessa hora em diante o discípulo João a levou para sua casa" (Jo 19,27).

Segundo uma antiga tradição, após a morte e ressurreição do Senhor Jesus, quando cresceu a perseguição contra os cristãos na Palestina, João levou Maria Santíssima para a cidade de Éfeso, na Ásia Menor, hoje, pertencente à Turquia. Não se sabe ao certo quanto tempo eles moraram ali. Dessa permanência, temos hoje uma "relíquia": parte da casa onde a Mãe de Jesus morou.

Durante a primeira Guerra mundial, a Casa de Maria ficou abandonada. Nessa época, pessoas desconhecidas tiraram as mãos da imagem e, segundo o que ali se conta, jogaram-nas em um vale. E é assim que ainda hoje se encontra a imagem de Nossa Senhora, em Éfeso: sem mãos.

De início, fiquei chocado com a cena: a imagem de Nossa Senhora, a Mãe de Jesus, de braços abertos, acolhendo os peregrinos, cerca de um milhão por ano, sem as mãos! Não é fácil aceitar essa situação, mesmo em se tratando de uma imagem. Afinal, as mãos de Maria Santíssima acariciaram Jesus, prepararam sua comida e lavaram sua roupa. Foram elas que apoiaram Jesus para que ele aprendesse a andar, a comer e a escrever. As mãos de Maria estiveram sempre em função de Jesus e receberam seu corpo, quando foi tirado da cruz.

Por tudo isso, as mãos de Maria poderiam dar origem a um belo poema. Em Éfeso, contudo, sua imagem ficou semidestruída, amputada, sem mãos. Não sei o motivo por que nunca quiseram providenciar-lhe outras. E não será agora que o farão, já que os peregrinos se acostumaram a vê-la assim e fazem questão de levar para suas casas uma reprodução que lhes lembram justamente disso: Maria está sem mãos!

Procurando fazer a leitura desse fato, concluí que ele é rico de ensinamentos: as mãos de Maria hoje são as mãos das jovens que, no dia do casamento, esperam que seus esposos nelas coloquem a aliança. São as mãos das religiosas que se cruzam em um gesto de consagração ao Senhor. São as mãos das enfermeiras que, em um hospital, seguram o braço de um doente, procurando transmitir-lhe conforto. São as mãos das mães que trocam a roupa dos filhos irrequietos. São também as mãos das empregadas domésticas, que lavam a roupa e limpam a casa. São mãos das agricultoras, que preparam a terra para receber a semente. São as mãos das mães que preparam saborosas comidas para a família.

A imagem de Maria em Éfeso não tem mãos, mas ela própria tem milhões de mãos pelo mundo afora. Por meio delas, Maria continua abençoando, amparando e confortando Jesus, que hoje tem o rosto do menino de rua, da criança da catequese, do jovem drogado, da criança que ficou órfã, do filho que fugiu de casa, do idoso abandonado pela família.

Para alguns peregrinos de Éfeso poderá ser motivo de surpresa encontrar uma imagem de Maria sem mãos. Para cada um de nós, a imagem de Maria, sem as mãos, é o renovado apelo a emprestar-lhe nossas mãos para que, com elas, Maria continue hoje, pelos caminhos do mundo, servindo a seu filho Jesus. Que ela empreste suas mãos a cada um de nós, e que possamos fazer sempre aquilo que Jesus nos pede.

Maria, nossa intercessora
(Dom Bernardo Bonowitz – OCSO)

Maria é uma pessoa – humana, viva. Ela ainda vive e ainda é humana. Sua Assunção não a removeu do âmbito da humanidade. É santa, mas não mudou sua natureza humana. E Jesus no-la dá, a cada um de nós individualmente e a todos nós, como alguém com quem Ele quer que nós vivamos em uma relação pessoal.

Ele, primeiramente, no-la dá como companheira, como amiga. "Não é bom para o homem estar só." Como Deus teve compaixão da situação de Adão e lhe deu então Eva, assim, Jesus olha para nossa situação e reconhece que nem Ele nem toda a Criação bastam para satisfazer todas as nossas necessidades. E então Ele nos dá Maria.

A intenção de Jesus é que ela seja nossa companheira constante, a pessoa a quem podemos apresentar todas as nossas preocupações e em quem podemos confiar. Vemos essa transparência e expectativa confiante em Maria exemplificada na tradição mística cristã na pessoa de São Bernardo, especialmente na famosa passagem de seus sermões *Em louvor da Virgem Mãe*, em que afirma: "Se os ventos das tentações surgirem, se encontrares os rochedos das tribulações, olha para a estrela, invoca Maria. Se fores abatido pelas ondas do orgulho, da ambição, da maledicência, da rivalidade, olha para a estrela, invoca Maria. Se a ira ou avareza, ou desejos desordenados perturbarem o navio de tua mente, olha para a estrela, invoca Maria. Se preocupado com o tamanho de teus crimes, confuso com a consciência de teu grande erro, aterrorizado pelo medo da justiça divina, começas a ser engolido pela tristeza, pensa em Maria. Nos perigos, nas angústias, nas incertezas pensa em Maria, invoca Maria".

São Bernardo fez de Maria, nessa passagem, aquilo que nós chamamos de "amigo da alma". Alguém que é ao mesmo tempo um amigo e um diretor espiritual, alguém que ouve atenta e reverentemente a comunicação de todos os segredos e fardos de nossa vida; melhor ainda, alguém que responde e que responde com sabedoria.

É Jesus Cristo quem nos dá Maria como intercessora. Como Cristo espera que tenhamos uma relação especial com ela, assim também ela tem uma relação especial com

Ele. Se dissermos com São Bernardo: "Jamais se ouviu dizer que alguém buscasse sua ajuda, pedisse sua proteção ou suplicasse sua intercessão e não fosse atendido", esse nível de cem por cento de sucesso só pode existir porque Cristo quis – e continua querendo-o – não recusar nada que sua mãe pedisse, pois ela sempre intercedeu pelo povo de Deus conforme a vontade de Cristo (Rm 8,27).

Essa relação com Maria como intercessora deveria estimular – gerar – em nós um desejo e uma capacidade de interceder pela Igreja. Com frequência pessoas pedem a nós rezarmos por elas. É um grande privilégio, que nos está sendo oferecido, e constitui igualmente uma de nossas principais obrigações. Certamente, significa em primeiro lugar, carregar com amor e conscienciosamente em nossos corações as intenções – angústias, confusões, depressões, ansiedades – que nos foram confiadas.

É Maria, no Evangelho de João, quem primeiro exerce o ministério de intercessão, apresentando a Jesus as necessidades do jovem casal nas Bodas de Caná. Ela tem certeza de que Jesus não deixará de atender um pedido que lhe é apresentado e diz: "Fazei tudo o que ele vos disser" (Jo 2,5).

Mãe da Misericórdia
(Frei Luiz Sebastião Turra)

Na expectativa humana familiar, a relação filial e maternal nos ajuda a situar o realismo da misericórdia. Para a mãe, o filho é tão amado quanto mais sente que ele é parte de sua vida. Quanto mais sofrido, será tanto mais amado. Para o filho, a mãe é tão compassiva e misericordiosa quanto mais se sente acolhido, compreendido e atendido em suas alegrias e sofrimentos, conquistas e derrotas. A misericórdia materna é um componente natural e especial do coração da mãe geradora de vida.

Imaginemos Maria, Mãe da Misericórdia. Além de humana que era, cultivava a amplitude da maternidade pela fé e pela obediência à Palavra de Deus. Quando Jesus perguntou: "Quem é minha mãe e quem são meus irmãos?", certamente, já confirmava a maternidade de Maria, muito além dos laços de sangue, nos laços do espírito. A maternidade de Maria, longe de distanciá-la da humanidade, tornou-a definitivamente misericordiosa.

Se o coração da mãe é uma constante oferenda de amor a seus filhos, o coração de Maria de Nazaré é a mais evidente expressão materna do coração de Deus à humanidade. "Ninguém como Maria conheceu a profundidade do mistério de Deus, feito homem. Em sua vida, tudo foi plasmado pela presença da misericórdia, feita carne. A mãe do Crucificado e Ressuscitado entrou no santuário da misericórdia divina, porque participou intimamente no mistério de seu amor" (Papa Francisco, *Misericordiae Vultus*, 24).

O papa Francisco nos apresenta Maria como mãe da Misericórdia desde sua escolha pelo amor do Pai, sua permanente sintonia com o filho em sua vida e missão.

Ele também nos convida a rezar a Salve-Rainha, para que Maria não se canse de volver seu olhar misericordioso para nós e nos fazer dignos de contemplar o rosto da misericórdia, do filho Jesus.

Falando da oração Salve-Rainha, busquei conhecer sua origem e notei que não é apenas fruto de uma devoção sem compromisso de transformação, mas brota de uma vida marcada por uma experiência de total miserabilidade e sofrimento. Lá pelo ano mil, o monge beneditino, cujo nome é Germano, estando fisicamente inutilizado, com reumatismo e com dores atrozes, arrastando-se do quarto à capela, ia conversar com Maria, diante de sua imagem. Foi ali que, de palavra em palavra, foi compondo essa tradicional oração, que brota da miséria e entra em sintonia com a misericórdia da Mãe.

O monge não conseguiu concluir. Estava escrevendo: "Depois deste desterro, mostrai-nos Jesus [...]", quando a morte o levou. Sabe-se que São Bernardo concluiu, depois, a Salve-Rainha, e, hoje, continuamos rezando dentro de nossas experiências humanas mais diversas, no dia a dia de nossas provações. Sentimo-nos confortados ao saber que a mãe da Misericórdia continua em sintonia com seus filhos, e que nós temos uma mãe atenta e acolhedora. Salve, Rainha, Mãe da misericórdia!

Salve-Rainha
Padre Aderbal G. de Souza

Vamos refletir a oração da Salve-Rainha, que é muito popular em nossas comunidades eclesiais:

Salve, Rainha, Mãe da Misericórdia – São belíssimas essas primeiras palavras que usamos para saudar nossa mãe do céu. É o poder da Rainha, que pode ser capaz de criar certa distância, porém suavizada pela virtude da misericórdia, que atinge profundamente o coração humano. Assim, a soberania da mãe de Deus não é imagem do poder, que, às vezes, atemoriza, mas o retrato da mãe que sempre acolhe, compreende e perdoa.

Vida, doçura e esperança nossa – Que magnífica trilogia! É tudo que o homem deseja em sua jornada pelo mundo, nem sempre atapetada por pétalas de rosas. Estamos em uma sociedade de insegurança e ameaças ao precioso dom da vida. O mundo atual é de muita agressividade. Em toda parte, há indelicadeza e grosseria. Nesse cenário hostil, temos dificuldades em sonhar com uma comunidade fraterna e acolhedora. Maria é a estrela, que brilha no horizonte a expectativa da paz.

A vós bradamos os degredados filhos de Eva, a vós suspiramos, gemendo e chorando neste vale de lágrimas – O filho confessa a situação de exilado e sofredor nesta terra. Na verdade, somos nela peregrinos, porque nossa definitiva morada não está aqui. Essas palavras são sombrias, todavia não desanimam, se nós nos sentirmos seguros nas mãos de Deus e no coração maternal de Maria.

Eia, pois, advogada nossa, esses olhos misericordiosos a nós volvei! – O pedido é de quem acredita que o olhar doce e protetor da Virgem se compadece com nossas necessidades. Ela que presenciou os problemas humanos está atenta para eles.

E, depois deste desterro, mostrai-nos Jesus, bendito fruto do vosso ventre – Aí está a súplica maior dessa oração. A grande importância da vida das pessoas no tempo é ser um caminho para o encontro com Deus e a contemplação de sua face por toda a eternidade. Esse Deus se encarnou, isto é, fez-se carne humana no ventre virginal de Maria.

Ó clemente, ó piedosa, ó doce sempre virgem Maria – Tudo que antes foi dito, aqui está repetido, concluindo a Salve-Rainha, oração humilde, mas plena de confiança no amor e na força da Imaculada.

Rogai por nós, santa mãe de Deus, para que sejamos dignos das promessas de Cristo – A Salve-Rainha chega ao ponto alto de seus apelos, por meio do dogma mariano, que proclama Maria, mãe de Deus.

Todos nós somos filhos amorosos de Maria de Nazaré. Que muitas vezes e com filial ternura nossos lábios pronunciem essa oração. Como mãe da Misericórdia, ela nos ajudará a sermos misericordiosos para com nossos irmãos e assim dignos de tudo que Jesus prometeu à humanidade, salva pelo sacrifício de sua vida.

Cântico do Magnificat
(Padre Antônio Azevedo)

Maria, gestante, faz uma visita a Isabel, também grávida daquele que será São João Batista. Basta Isabel ouvir a saudação de Maria, que a criança começa a dar pulos de alegria. Respondendo à saudação, Isabel prorrompe em louvores a Maria: "Bendita és tu entre as mulheres e bendito é o fruto do teu ventre!"

Maria, em um emocionante hino, proclama as maravilhas que o Deus santo e todo-poderoso, cheio de misericórdia, estava operando nela, humilde serva do Altíssimo. Nela, toda soberba começa a cair por terra. Nela, todos os poderosos começam a perder seu trono. Nela, toda riqueza começa a ser partilhada com quem não tem nada. Nela, o que Deus prometeu a Abraão começa a ser realidade. É a vitória do Ressuscitado que já se anuncia neste canto do *Magnificat* de Maria.

Ela inicia com a palavra *magnificat*, "a minha alma engrandece o Senhor", ou seja, proclama grande o Senhor. Maria deseja que Deus seja grande no mundo, seja grande em sua vida, esteja presente entre todos nós. Não teme que Deus possa ser um "concorrente" em nossa vida que nos possa tirar algo de nossa liberdade. Ela sabe que, se Deus é grande, também nós somos grandes. Nossa vida não é oprimida, mas elevada.

No *Magnificat,* Maria revela todos os ideais proféticos, anunciando, denunciando e consolando os oprimidos, os pobres. É o hino de louvor que confirma a presença de Deus em favor dos pobres. Ele descreve a experiência de Maria, mergulhada no mundo daqueles que gritam clamando por justiça. E é aí, nessa situação histórica, que Maria desvela os traços do Deus vivo. Temos assim uma mulher profundamente comprometida com o destino de seu povo.

Maria faz memória do processo que Deus realiza na história e canta a alegria pela libertação dos oprimidos. Ela não aceita passivamente a realidade que vai contra a vida humana. Ela é o referencial dos que acreditam no projeto de Deus. Ela dá continuidade à esperança das gerações de homens e mulheres que a precederam nesta caminhada. Ao mesmo tempo, alimenta nossa esperança na plena realização desse projeto.

O cântico de Maria é, também, um manual para a evangelização. Ao ouvi-lo, reconhecemos que a primeira palavra na pregação do Evangelho deveria ser sempre aleluia – alegria. Maria vive em estado permanente de louvor.

Do louvor Maria passa ao testemunho pessoal: "Ele olhou para sua serva em seu nada; doravante todas as gerações me chamarão bem-aventurada. O Poderoso fez maravilhas por mim. Santo é seu nome!" É isso que cada um de nós tem a dizer às pessoas: anunciar-lhes as maravilhas que Deus fez em nossa vida.

A liturgia da Igreja põe o cântico do *Magnificat* em nossa boca, porque acredita que estamos na mesma situação de Maria, pois somos pessoas que, pela bondade de Deus, fomos chamados da morte para a vida e das trevas para a luz.

Valor do Santo Rosário
(Dom Murilo S. R. Krieger)

No dia do aniversário de sua mãe, você gosta de vê-la feliz, muito feliz. Talvez fique pensando: que presente vou lhe dar? Não sei se há algum presente que dê mais alegria às mães do que um buquê de rosas; muitas rosas, uma coroa de rosas: isso é o Santo Rosário. Muitos papas recomendaram, com palavras, essa prece mariana. Lembremo-nos de três: Pio XI dizia: "Dentre as orações a Nossa Senhora, o rosário ocupa o primeiro lugar". Para Pio XII, "o rosário é a síntese do Evangelho, meditação dos mistérios do Senhor, hino de louvor, oração da família, compêndio da vida cristã e uma das maneiras de obter os favores celestes". E o papa João Paulo II, hoje São João Paulo II, escreveu: "Desde minha juventude, a oração do rosário sempre foi importante em minha vida; acompanhou-me nos momentos de alegria e de provações. Nele, encontrei conforto. O rosário é minha oração predileta. A família que reza o rosário reproduz o clima da família de Nazaré".

O rosário é uma oração que tem sua origem no Evangelho, de onde brotam os mistérios contemplados, que apresentam as etapas fundamentais dos mistérios de Cristo, vistos a partir do ponto de vista da Virgem Maria. É uma oração cristocêntrica: louvando Maria, proclama-se aquele que nela fez maravilhas, em vista da encarnação de seu filho. Cristo é o centro do rosário, pois meditamos sobre sua encarnação, vida pública, paixão e glorificação.

Maria Santíssima nos deu Jesus; no rosário ela nos apresenta a vida de seu filho. É uma oração eclesial: a Igreja é a assembleia daqueles que são chamados à salvação, mediante a fé em Jesus Cristo. O rosário nos apresenta o plano de amor de Deus e solicita nossa adesão humilde e grata. É uma oração simples e, como tudo o que é divino, leva-nos à essência do mistério cristão. É a oração dos pobres de espírito, não só porque muito rezada por eles, mas também porque o coração humano é continuamente faminto e necessitado de Deus. É uma oração contemplativa: ensina-nos a penetrar nos mistérios da vida de Cristo para que seu exemplo transforme nosso coração e nos santifique. É uma oração catequética: mostra-nos como cultivar, em nosso dia a dia, as atitudes de Maria diante da vontade de Deus. É uma oração que respeita o ritmo de nossa vida, pois também ela é marcada por momentos alegres, tristes e vitoriosos. Obriga-nos a comparar nosso agir com o de Cristo: o que Jesus faria se estivesse aqui, em meu lugar?

Enquanto rezamos o rosário, acompanhamos todo o peregrinar terreno de Jesus Cristo, o filho enviado do Pai na encarnação: Cristo, sofrendo na carne, suando sangue na agonia do horto; Cristo flagelado; Cristo carregando a cruz; Cristo pregado na cruz em nosso lugar; Cristo ressuscitado; Cristo enviando o Espírito Santo. O rosário é uma oração que nos transporta para dentro da Bíblia, para dentro do Evangelho. Então, é o próprio mistério de Jesus Cristo que ocupa o centro do rosário. Por isso, acredito que, à medida que rezamos o rosário, penetramos mais no mistério de Cristo, ganhamos mais intimidade com Ele.

O sim de Maria
(Frei Aldo Colombo)

O profeta Isaías, seiscentos anos antes, exortou o povo a manter viva a esperança; João Batista proclamou que o Messias estava próximo, mas foi o "sim" de Maria que colocou em marcha a redenção. Seu sim foi o sinal verde entre o céu e a terra.

Uma mulher pequena e pobre situou-se na encruzilhada do tempo. Seu nome: Maria. Descendente de homens de esperança, filha de um povo que tinha aprendido a buscar a Deus e que tinha o hábito de olhar para o céu e para as nuvens na expectativa de que Ele se manifestasse. Mulher pequena e pobre que se enchia de Deus. Seu coração estava constantemente voltado para o Senhor.

Tudo nela era ordem, tudo era harmonia. Deus veio visitá-la. Queria dela um sim. Queria ter carne de homem, sonho de homem, coração de homem. Queria caminhar pelos nossos caminhos. Queria ter história como todos os homens. Queria inaugurar um novo tempo, queria instaurar uma nova ordem de social. Maria hesitou apenas um momento. Sua humildade foi superada pela disponibilidade. O sim foi proferido, e ele dividiu o tempo em antes e depois.

A hesitação de Maria foi feita de honestidade. Ela não quis voltar atrás depois de responder. O anjo sussurrou-lhe que Deus queria nascer em seu seio. Disse que a força de Deus seria colocada a sua disposição. Assim como havia agido no seio estéril de Sara, como havia atuado na dureza do deserto, assim como havia habitado o coração dos profetas, assim também agiria no seio de Maria. Aquele que iria nascer de Maria seria o filho do Altíssimo, a esperança dos povos, mas era preciso que Maria desse seu sim. Ela respondeu com um sim incondicional para todas as propostas: estou disposta a acolher a aventura de Deus em minha vida.

No momento da anunciação, Maria foi não somente a mais alta expressão da expectativa de Deus, que aguardava sua resposta para colocar em prática seu plano de salvação, mas também da expectativa dos homens e mulheres de todos os tempos, ansiosos para recuperar o paraíso perdido. "Eis aí tua mãe!" O próprio Jesus nos deu a garantia de que ela é sua e nossa mãe.

Portanto, Deus nunca age contra a vontade do ser humano. Nada pode fazer se o coração do homem se fecha. O Altíssimo está pronto a agir maravilhosamente quando o homem deixa espaço para agir, assim como agiu na vida de Maria, a que se deixou conduzir por sua vontade, entregando sua liberdade na liberdade de Deus.

Maria, minha Mãe!
(Irmã Eliza Dias Correa)

Uma funcionária muito religiosa, que chefiava o setor de uma grande empresa, era muito respeitada e admirada por seu patrão, embora ele não fosse cristão.

Certo dia, para poder participar de um encontro religioso, a mulher criou uma desculpa. Retornando ao trabalho na semana seguinte, foi convocada para uma reunião. Seu chefe tinha descoberto sua "mentira". Ele disse para a mulher: "Logo você! Eu a admirava e respeitava sua fé. Acreditava que você fosse verdadeira e honesta, mas você me enganou, mentiu para mim. Passe no setor pessoal para assinar sua demissão, pois, nesta empresa, você não trabalha mais".

A funcionária pôs-se a chorar e disse ao chefe que estava arrependida; que fora abandonada pelo marido; que tinha dois filhos pequenos para criar e que não podia ficar sem emprego. O chefe, porém, não se comoveu e não quis continuar ouvindo suas histórias.

A mulher retornou para casa e chorava muito, pois não sabia o que seria da sua vida e da de seus filhos dali em diante. Entre choro e desespero, caiu de joelhos e pediu perdão a Deus por sua mentira, mas pensava que suas orações não estavam alcançando o coração de Deus. Então, lembrou-se de Nossa Senhora e clamou a sua intercessão.

Conta a mulher que teria ouvido Nossa Senhora dizer que ela precisava rezar para atrair a atenção de Jesus, seu filho, e chamar a atenção do céu. Naquele instante, brotou em seus lábios uma canção em forma de oração que dizia: "Minha mãe, acolhei-me. Minha mãe, socorrei-me. Vinde logo em minha ajuda, sou sua filha. Falai de mim para Jesus, pedi a paz; falai de mim para o Espírito Santo, pedi luz; falai de mim para o Pai, pedi vida".

Os dias se passaram e, embora desempregada, a mulher tinha a certeza de que Nossa Senhora estava providenciando junto a seu filho um milagre. Tinha fé e acreditava que ela e seus filhos não ficariam desamparados.

Determinado dia o telefone tocou. Era da empresa onde ela havia trabalhado. Do outro lado, a secretária dizia: "Venha, porque o diretor da empresa quer ter uma reunião com você". Durante a conversa, o patrão disse para a mulher: "Não sei por que estou fazendo isso, é como se uma força me movesse para trazer você de volta, e essa força aumenta a cada dia. Passe no departamento de pessoal e vamos recomeçar". A mulher olhou para o patrão, pediu perdão pelo ocorrido e disse: "O senhor não sabe por que está me recontratando, mas eu sei. Foi porque, em minhas orações, eu pedi perdão a Deus e clamei a Maria, mãe de Jesus: 'Minha mãe, socorrei-me, e Maria, a mãe de Jesus e minha mãe, veio em meu auxílio'".

III

Dogmas Marianos

Dogmas na Igreja católica

O que são dogmas na Igreja? São verdades de fé declaradas oficialmente pela Igreja. Dessas verdades católicas, algumas delas já estão claras na Sagrada Escritura, outras, porém, não tão explícitas e, por isso, necessitam de que a Igreja busque, na Tradição apostólica, sua certeza e as declare para os fiéis, que são verdades de fé contidas na Revelação divina à humanidade.

Os dogmas constituem verdades que os cristãos aceitam, aprofundam e vivenciam na comunidade da fé, a Igreja, em todo mundo, por isso são chamados de verdades católicas. Pode-se dizer que no desenvolvimento de uma verdade de fé nada se inventa, tudo se descobre. Vai-se do implícito ao explícito; da base indireta na Bíblia à base direta na Tradição da Igreja. A Igreja apenas esclarece, com sua autoridade apostólica, o que no santo depósito da fé já estava presente, implicitamente.

A constituição dogmática *Dei Verbum*, do Concílio Vaticano II, que trata sistematicamente da Divina Revelação, ensina que a Bíblia contém materialmente a revelação cristã, pois nela encontramos os conteúdos fundamentais de nossa fé. Isso quer dizer que para torná-los evidentes é necessária a interpretação da Tradição da Igreja. Contudo, é importante saber que a Tradição não substitui a Bíblia, mas a esclarece e a interpreta, conferindo-lhe "certeza de fé" (cf. *Dei Verbum* 9).

Segundo o ensinamento desse mesmo Concílio, como supracitado, na Bíblia, encontram-se, direta ou indiretamente, os conteúdos teológicos, que possibilitaram a Igreja proclamar os quatro dogmas marianos: os dois primeiros estão mais explicitamente presentes na Sagrada Escritura e intrinsecamente interligados: *Maternidade* e *Virgindade*. Isto é, um mistério só, mas com dois aspectos distintos. A Maternidade é o dogma central; a Virgindade é o aspecto que evidencia a maternidade. Significa dizer que eles se articulam, segundo a "conexão dos mistérios" (DH[4] 3016). Também os dogmas da *Imaculada Conceição*, referente ao início da vida de Maria, e da *Assunção ao céu em corpo e alma,* relacionado ao final de sua vida, estão interligados.

Os dogmas marianos estão fundamentados na Bíblia, mas lidos de acordo com a Tradição da Igreja, como de fato fazem os teólogos e exegetas católicos. Por isso, para a compreensão teológica sobre eles, antes de tudo, é importante ter presente que falam diretamente de Maria, isto é, são graças especiais que ela recebeu de Deus, por causa de seu Filho, como nos ensina o *Catecismo da Igreja Católica*: "Tudo que a fé católica ensina sobre Maria fundamenta-se naquilo que (a Igreja crê) em relação a Cristo" (CIC[5] 487).

Eles falam de Cristo, pois a Virgem recebeu privilégios em função de seu filho. Significa dizer que os prin-

---

[4] DH = Denzinger-Hünermann. São Paulo: Paulinas/Loyola 2007. Trata-se de uma coleção clássica de documentos do Magistério da Igreja interlinear (latim e português), que os expõe em ordem cronológica.
[5] Catecismo da Igreja Católica, 1992.

cípios doutrinários sobre Maria falam de nossa salvação, isto é, representam missões que Maria assumira no plano salvífico do Pai, em prol de toda humanidade.

Vejamos, a seguir, os quatro dogmas marianos em breves exposições: *Maternidade divina; Virgindade perpétua; Imaculada conceição e Assunção ao céu, em corpo e alma.*

Maternidade divina
(1º de janeiro)

Na Bíblia, encontramos algumas passagens que, segundo a grande Tradição da Igreja, são as bases fundamentais da doutrina do dogma sobre a Maternidade divina de Maria. O magistério da Igreja destaca três importantes passagens bíblicas que tratam diretamente desta doutrina.

A primeira é a expressão: "Mãe do meu Senhor" (Lc 1,43). O título "Senhor" é, na Bíblia, um nome divino, isto é, somente aplicado a Deus e ao Messias-Rei, enquanto representante de Deus. Portanto, já que esse título é exclusivo de Deus, segundo a Sagrada Escritura, a Igreja deduz e explicita o conteúdo dessa doutrina, confessando e ensinando que Maria não é somente a Mãe do homem Jesus, mas também do filho de Deus. Ela é a mãe da segunda pessoa da Santíssima Trindade, isto é, do Verbo eterno de Deus, que foi gerado pelo Pai e concebido, segundo a carne, no seio puríssimo da Virgem Santíssima.

Por isso, confessamos, com a fé da Igreja, que Maria é a mãe de Deus, como rezamos na oração da Santa Maria: "Santa Maria, Mãe de Deus [...]".

A segunda passagem bíblica é a seguinte: "Ele será chamado Filho do Altíssimo" (Lc 1,32). Maria, segundo o Evangelho de Lucas, é, de fato, a mãe do Filho de Deus na carne. A terceira passagem encontra-se no evangelho de Mateus, que é uma evocação e, por isso, uma confirmação da passagem do profeta Isaías: "Eis que uma virgem conceberá e dará à luz um filho, que se chamará Emanuel, que significa: Deus conosco" (Mt 1,23 e cf. Is 7,14).

Nessas breves passagens, pode-se perceber que o Novo Testamento (NT) usa a expressão "mãe de Jesus", para se referir a Maria de Nazaré, afirmando que Ela é a mãe de Deus. A pessoa do Verbo de Deus, Jesus Cristo, tem duas naturezas distintas – a humana e a divina; mas é indivisível[6].

O Catecismo da Igreja, no n. 495, citando o primeiro Concílio de Éfeso (431), diz-nos que a "Igreja confessa Maria verdadeiramente Mãe de Deus, a *Theotokos*". Essa afirmação pôde ser vista solenemente proclamada pelo papa Paulo IV, em 7 de agosto de 1555, quando disse: "A bem-aventurada Virgem Maria foi verdadeiramente mãe de Deus e guardou sempre íntegra sua virgindade, antes do parto, no parto e, constantemente, depois do parto" (DH, 880).

---

[6] Cf. Afonso Murad Tadeu. *Maria toda de Deus e tão humana*. Editoras Santuário e Paulinas, 2012, p. 135.

A doutrina da maternidade divina nos ensina que Deus, na pessoa de Jesus Cristo, entrou na história humana. Proclamar Maria mãe de Deus significa proclamar que realmente o Reino de Deus já está no meio de nós (cf. Lc 17,21; Mt 4,17). Deus já está dentro de nossa história e é um dos nossos, tendo assumido tudo, fazendo-se um de nós, menos no pecado. E Maria é aquela que, em nosso nome, colaborou para que isso acontecesse.

Também, os grandes reformadores protestantes, como Lutero, Calvino e Zwínglio, admitiam o título de Maria como "mãe de Deus"; a propósito, eis o que dissera Lutero:

> Foram dadas a Maria tantas e tão grandes coisas, que ninguém as pode compreender [...] por essa razão, ela é uma pessoa especial dentre todo o gênero humano. Ninguém se iguala a ela, porque ela tem um filho com o Pai celeste. E que Filho! [...] Por isso toda glória de Maria está encerrada nesta única palavra: "Mãe de Deus". Ninguém pode dizer algo de maior sobre Ela, ainda que tivesse tantas línguas como há folhas nas árvores, hastes de grama nos campos, estrelas no céu ou grãos de areia no mar. É preciso meditar no coração sobre o que significa ser Mãe de Deus[7].

A propósito, o Concílio Vaticano II, em sua constituição dogmática sobre a Igreja – *Lumen Gentium* – n. 56, ensina: "Os Santos Padres conciliares julgam que

---

[7] Lutero, Martim. *Magnificat, o louvor de Maria*. Aparecida: Editora Santuário, 2016, p. 64.

Deus não se serviu de Maria como um instrumento meramente passivo, mas julgam-na cooperadora para a Salvação humana com livre fé e obediência". Também, podemos ver mais detalhadamente a doutrina de Maria como mãe Deus e mãe e modelo dos fiéis cristãos, no Catecismo da Igreja[8].

Portanto, a importância da doutrina da Maternidade divina declara que, porque Maria foi escolhida para ser mãe de Jesus, podemos deduzir os outros três dogmas marianos: Maria preservada do pecado original, em função de sua missão singular na história da salvação; ela permaneceu virgem em sinal de sua consagração radical ao projeto salvífico; e foi assunta aos céus, em corpo e alma, em virtude de sua correspondência ímpar à vontade do Pai.

Virgindade perpétua
(1º de janeiro)

O segundo dogma mariano é o de sua *Virgindade perpétua*, isto é, a crença da Igreja, desde os primórdios, na concepção virginal de Jesus. A doutrina da virgindade de Maria declara que Jesus nasceu por obra do Espírito Santo, sem intervenções de um pai humano; além da concepção virginal, a Igreja crê que Maria é virgem antes, durante e depois do parto[9].

---

[8] Cf. n. 495; 466-467; 967-970 (respectivamente).
[9] Cf. Coyle, Kathleen. *Maria da tradição cristã: a partir de uma perspectiva contemporânea.* São Paulo: Paulus, 2000, p. 45-46.

Para os estudiosos da Sagrada Escritura, chamados exegetas e teólogos da Bíblia, a virgindade de Maria é um dado atestado na própria Bíblia. No NT, as narrativas da infância de Jesus, escritas pelos evangelistas Mateus e Lucas, são as fontes que falam da concepção virginal de Jesus e, consequentemente, da virgindade perpétua de Maria. Vejamos, brevemente, algumas passagens desses Evangelhos:

O capítulo 1 de Mateus, versículos 18-25, faz quatro vezes referência à virgindade da mãe de Jesus. Por exemplo, o versículo 18 fala que antes de Maria coabitar com José, seu esposo, aconteceu que ela concebeu por virtude do Espírito Santo (cf. 18).

No versículo 20, o evangelista fala que "o que nela foi concebido vem do Espírito Santo". Também, nos versículos 23 e 25, Mateus escreve: "Eis que uma Virgem conceberá e dará à luz um filho [...]", fazendo alusão ao profeta Isaías que disse: "Eis que uma virgem conceberá e dará à luz um filho o qual será chamado filho do Altíssimo" (cf. Is 7,14).

Lucas, no capítulo 1 de seu Evangelho, versículos 34-35, narra que, quando Maria recebeu a saudação do anjo Gabriel, convidando-a para ser a mãe do Salvador – o Messias –, ela se perturbou e respondeu: "Como se fará isso se eu não conheço homem algum?" Mas o arcanjo lhe respondeu: "Não temas, Maria, pois o Espírito Santo descerá sobre ti [...] e, por isso, o menino que nascer de ti será chamado Filho de Deus".

Segundo a teologia bíblica, na cultura *semita*, o verbo *conhecer* quer dizer não somente conhecer alguém, como é concebido em nossas línguas modernas, mas usam-no em sentido de ter relações sexuais, isto é, de fazer a experiência de um relacionamento mais íntimo com alguém[10].

A doutrina da virgindade perpétua de Maria, mesmo que tenha sido crida pelos cristãos desde os primeiros séculos, foi somente reconhecida como doutrina oficial no Concílio regional de Latrão (649), mas de valor universal, quando expressou:

> Se alguém não professa, segundo os Padres, que Maria, a sempre virgem imaculada, é própria e verdadeiramente a Mãe de Deus, já que ela, nos últimos tempos, própria e verdadeiramente concebeu sem sêmen por obra do Espírito Santo, deu à luz [...] o Deus Verbo e permaneceu inviolada também depois do parto, seja condenado[11].

Depois, em consonância com a doutrina da virgindade perpétua de Maria, já formulada pelos Concílios anteriores de Constantinopla II (553) e do supracitado Concílio de Latrão, a Igreja, em 1555, com a constituição *Cum Quarundam*, de papa Paulo IV, declarou solenemente o dogma da virgindade perpétua de Maria, com a seguinte

---

[10] Cf. Boff, M. Clodovis. *Dogmas Marianos*: síntese catequético-pastoral. São Paulo: Editora Santuário, 2010, p. 21.
[11] DH, 503.

expressão: "[...] Maria é virgem, antes do parto, no parto e depois do parto" (DH, 1880).

O Catecismo da Igreja ensina que "as narrações dos evangelistas consideram a concepção virginal de Maria uma obra divina, que supera cada compreensão (racional) e cada possibilidade humana" (CIC, 497)[12].

Imaculada Conceição
(8 de dezembro)

O primeiro texto bíblico que, segundo a Tradição da Igreja, podemos usar para compreender o dogma da Imaculada conceição de Maria está no livro do Gênesis, o que declara a inimizade perpétua entre a mulher e a serpente (forças do mal, diabo). "Porei inimizade entre ti e a mulher, entre a tua descendência e a dela. Esta te ferirá a cabeça e tu lhe ferirás o calcanhar" (Gn 3,15). A palavra "inimizade" entre a serpente e a mulher afirma que ela, Maria, a nova Eva, não se contaminará pelo pecado. Ela não se deixará "morder" pela serpente e, consequentemente, ser contaminada pelo "veneno" da víbora. Por isso, o texto bíblico afirma que a mulher "ferirá a cabeça da serpente". Maria é a única mulher, livre de todo pecado e capaz de destruir o mal, por meio do fruto de seu ventre, Jesus Cristo.

---

[12] Pode-se ver, também, para aprofundar esta doutrina, o Catecismo da Igreja Católica nos números 496-507.

É no Evangelho de Lucas que encontramos algumas bases bíblicas, para compreendermos a doutrina do dogma da Imaculada Conceição de Maria, como de fato diz o evangelista: "Entrando onde ela estava, o anjo lhe disse: alegra-te Maria, cheia de graça, o Senhor está contigo!" (Lc 1,28).

Também, no primeiro capítulo do Evangelho de Mateus, encontramos estas breves palavras: "Jacó gerou José, o esposo de Maria, da qual nasceu Jesus chamado Cristo" (Mt 1,16). Nessa frase, está toda a grandeza de Maria, a obra-prima de Deus, repleta de graça e de santidade. Ela foi a criatura escolhida para a mais alta missão no mundo: ser a mãe de Jesus. Ela teve a honra de dar sua carne para conceber Jesus, o Salvador da humanidade. Maria é, portanto, a única criatura descendente de Adão "cheia de graça", desde o primeiro instante de sua existência concebida no seio de Ana, sua mãe. Foi um privilégio, concedido a Maria, em vista da missão que ela receberia, ser a mãe de Jesus. Sua prima Isabel, iluminada pelo Espírito Santo, reconhece em Maria a mulher singular que não tem pecado; a "cheia de graça", como mesmo narra o evangelista: "Bendita és tu entre as mulheres e bendito é o fruto do teu ventre" (Lc 1,42). Maria, com humildade e com profunda consciência, reconhece em si a maravilha operada por Deus, e, por isso, Lucas continua a dizer: "O Poderoso fez em mim maravilhas, Santo é seu nome"! (Lc 1,49).

A doutrina do dogma da Imaculada Conceição foi declarada pela Igreja, quando o papa Pio IX, em 1854, em nome de toda Igreja Católica, definiu, por meio da bula *Ineffabilis Deus* – Deus Inefável –, que Maria foi concebida sem o pecado original, desde o primeiríssimo instante de sua existência e nunca experimentou outras formas de pecado. Segue, por isso, na íntegra, o texto da definição dogmática, com o qual o papa declara o dogma da Imaculada Conceição, como doutrina presente, mesmo que implicitamente, no *depositum fidei* – depósito da fé:

> Em honra da Santa e indivisível Trindade, para decoro e ornamento da Virgem Mãe de Deus, para a exaltação da fé católica e para o incremento da Religião cristã, com a autoridade de Nosso Senhor Jesus Cristo, dos santos Apóstolos Pedro e Paulo e com a Nossa, **declaramos, pronunciamos e definimos** como doutrina revelada por Deus o seguinte: *a Beatíssima Virgem Maria, no primeiro instante de sua concepção, por singular graça e privilégio de Deus onipotente, em vista do Gênero humano,* **foi preservada imune de toda mancha de pecado original.** Essa doutrina, pois, deve ser crida firmemente e inviolavelmente por todos os fiéis. Portanto, quem presumir deliberadamente (que Deus não o permita!), pensar em seu coração uma opinião contrária a essa definição conheça e saiba que se condena a si mesmo por seu próprio juízo, que fez naufrágio na fé, que se separou da unidade da Igreja e que incorreu automaticamente nas penas estabelecidas pelo Direito *Canônico* (DH 2803).

Além desse pronunciamento papal, que explicita e define a doutrina da Imaculada Conceição de Maria, podemos encontrar mais explicações no Catecismo da Igreja Católica, nos números 490-493. Um dado histórico curioso que vale a pena destacar, sobre esse dogma mariano, é a aparição de Nossa Senhora das Graças, na França, em 1831-1832, e a de Nossa Senhora de Lourdes, também na França em 1857. A primeira aparição preparou o povo católico para a fé na doutrina da Imaculada Conceição, e a segunda, já posterior à declaração, confirmou-a.

Como vemos, somente a Virgem Maria, entre todas as criaturas humanas, foi preservada da mancha do pecado original desde o primeiro instante de sua concepção. Ela é, de verdade, a criatura humana sem pecado. Com a doutrina da Imaculada Conceição, fica claro que nós, pecadores, somos envolvidos pela misericórdia de Deus desde o princípio, pois ela não nos deixa só. Em nós, torna-se evidente que somos seus filhos amados, não por nossos méritos, mas pela graça e poder de Deus. Somos os eleitos, revestidos do início ao fim pelo poder da graça divina.

A Igreja colocou a celebração da festa do dogma da Imaculada Conceição próxima ao Natal de Jesus, pois mãe e filho são inseparáveis. Os Santos Padres Apostólicos, chamados de Pais da Igreja, nos seis primeiros séculos do cristianismo, faziam do tempo do Advento o canto ao Senhor que, por Maria, veio nos salvar do pecado.

Para entrar na história, Deus não procurou um caminho extraordinário, mas o caminho ordinário de qualquer pessoa que vem a este mundo. O Deus todo-poderoso, que trouxe todas as coisas do nada, para entrar no mundo, necessitou do sim de uma Mulher. Deus, em sua grandeza infinita, não se envergonhou da fragilidade humana ao vir a nosso encontro para nos redimir.

Nesse sentido, a festa da Imaculada Conceição é a celebração do primeiro instante da existência de Maria, concebida sem pecado no seio de sua mãe Ana. É quando essa menina escolhida, desde a eternidade, começa a existir, contemplando todas as mulheres da história. Desde Eva até a última mulher do mundo, viu-se que essa mulher, chamada Maria de Nazaré, seria a única sem pecado. Maria não fez a mínima oposição ao projeto do amor infinito do Pai. E Deus, contemplando a plena docilidade de Maria, sua total obediência e fidelidade, preservou-a do pecado original. Esse é um privilégio concedido somente a Maria, para que ela pudesse ser uma digna habitação do filho de Deus.

Maria é modelo de pessoa livre, plena e realizada em Deus. Nela, encontra-se liberdade interior envolvente, contagiante e capaz de libertar a todos que dela se aproximarem por meio da fé professada pela Igreja. Que Deus, em sua infinita bondade, ajude-nos a entender e a acolher, em nossa existência humana, a doutrina do dogma da Imaculada Conceição de Maria. E que Maria, "a cheia de graça", mostre-nos, cada vez mais, o caminho para chegarmos a seu filho Jesus Cristo, único Salvador do mundo e Mediador entre Deus e os seres humanos.

Assunção ao céu
(15 de agosto)

A Assunção de Nossa Senhora ao céu em corpo e alma é uma crença da Igreja das mais antigas do cristianismo. Festejada no dia 15 de agosto, tem diferentes nomes, como Nossa Senhora da Boa Viagem, Nossa Senhora da Glória e Nossa Senhora da Abadia. Essa festividade lembra aos fiéis cristãos como a mãe de Jesus Cristo recebeu a recompensa eterna de suas obras, de seus sofrimentos e de suas virtudes. Não só a alma, também o corpo da Virgem Maria entrou solenemente no céu. Ela, que durante a vida terrestre desempenhou um papel todo singular entre as criaturas humanas, com o dia de sua gloriosa Assunção, começou a ocupar um lugar especial no céu, junto de seu filho.

A Tradição da Igreja sempre acreditou que Maria foi elevada em corpo e alma à glória do céu, e, com Deus e em Deus, ela é Rainha do céu e da terra. Isto é, tanto a Igreja do Oriente quanto a Igreja do Ocidente confessam que Nossa Senhora, por causa de Jesus Cristo, seu filho unigênito, não foi corrompida no sepulcro, mas foi elevada aos céus em corpo e alma, por meio da potência divina. Nisso consiste o quarto dogma mariano, o último declarado pela Igreja, em 1950, pelo papa Pio XII, por meio da constituição *Munificentissimus Deus* – Deus Generosíssimo. Por isso vale a pena citar integralmente o texto do magistério da Igreja com o qual foi proclamado solenemente o dogma da Assunção, em 1º de novembro de 1950.

> Depois de termos elevado a Deus nossas insistentes preces de súplica e de termos invocado a luz do Espírito da Verdade, para a glória de Deus onipotente, que na Virgem Maria derramou sua especial benevolência; para honra de Seu Filho, Rei imortal dos séculos e Vencedor do Pecado e da Morte; para maior glória de sua augusta Mãe; para a alegria e exultação de toda a Igreja, pela autoridade de Nosso Senhor Jesus Cristo, dos Santos Apóstolos, Pedro e Paulo, e pela Nossa, **pronunciamos, declaramos e definimos** ser dogma revelado por Deus que: *a Imaculada Mãe de Deus, sempre Virgem Maria, terminado o curso de sua vida terrena,* **foi assunta à glória celeste em corpo e alma.** Por isso, se alguém (que Deus não o permita!) ousar negar ou pôr em dúvida voluntariamente o que foi por nós definido, saiba que decaiu da fé divina e católica (DH, 3903-3904).

Com isso não significa que Maria Santíssima está distante de nós. Pelo contrário, ela está muito perto de cada um de nós, porque está com Deus e em Deus. Quando estava na terra, podia somente estar perto de algumas pessoas. Estando em Deus, está próxima de nós, está no "interior" de todos nós. Maria participa dessa aproximação de Deus e pode ouvir nossas orações e nos ajudar com sua intercessão materna.

A Assunção de Maria nos mostra a mãe que temos no céu e também o caminho que devemos percorrer, para chegar onde ela está; nunca sozinhos, mas na comunidade dos discípulos e dos irmãos de Jesus, alimentados pela Palavra de Deus e pela Eucaristia. Com Maria, avançamos pelos caminhos da terra, cheios de alegria e de esperança, seguidores corajosos e perseverantes nos ditames de seu filho, nosso irmão e redentor, Jesus Cristo.

São João Paulo II, em sua homilia, por ocasião da solenidade da Assunção de Maria, em *Castel Gandolfo* – Itália –, em 15 de agosto de 1997, proclamou:

> Maria, Mulher revestida de sol, diante dos inevitáveis sofrimentos e das dificuldades cotidianas, ajuda-nos a fixar o olhar em Cristo. Ajuda-nos a não ter medo de segui-lo até o fim, mesmo quando o peso da cruz nos parecer excessivo. Faz-nos compreender que só esse é o caminho que leva ao ápice da Salvação eterna. E do céu, onde resplandece como Rainha e Mãe de misericórdia, vela sobre cada um de teus filhos. Orienta-os a amar, adorar e servir a Jesus, o Bendito Fruto do teu seio, ó clemente, ó piedosa, ó doce Virgem Maria!

Por isso, podemos cantar com jubilosa esperança aquele canto tão popular: "Com minha mãe estarei, na santa Glória, um dia, junto à Virgem Maria, no céu triunfarei. No céu, no céu, com minha mãe estarei! No céu, no céu, com minha mãe estarei"![13]

---

[13] Para maior aprofundamento da doutrina do dogma da Assunção de Maria em corpo e alma, aconselhamos ler o livro do teólogo Afonso Murad Tadeu – *Maria toda de Deus e tão humana*. Editora Paulinas e Santuário, 2012.

IV

Devoção a Maria

Aparições de Nossa Senhora

As aparições de Nossa Senhora são tidas como revelações privadas ou particulares de Deus, em favor de algumas pessoas ou grupos. Elas podem tornar-se meios de evangelização espiritual e de conversão para muitas pessoas. Nas aparições, há, geralmente, exortações à penitência e à oração, recomendações sobre algum ensinamento espiritual ou o chamado específico a algum compromisso social. No entanto, por mais fascinantes e atraentes que sejam elas nunca superam o conteúdo salvífico da Revelação pública, aquela que Deus fez à humanidade, na história de Israel e de maneira plena e definitiva na Pessoa de seu filho unigênito, Jesus Cristo. Revelação essa, da qual a Igreja de Cristo é seu depósito oficial. Por isso, com toda Igreja, confessamos e aprendemos que essa Revelação pública de Deus, feita à humanidade, encontramos nas Sagradas Escrituras e na Sagrada Tradição Apostólica, a qual deu origem e possibilitou a mesma Igreja declarar firmemente quais os livros inspirados e, por isso, canônicos da Bíblia Sagrada.

É necessário lembrar a distinção entre revelações particulares e a conhecida revelação oficial ou pública. A revelação oficial encontrada na Sagrada Escritura e na Tradição Apostólica – a qual é explicitada pelo magistério da Igreja – é única, universal e definitiva. Ela, e só ela, é necessária para a salvação de todas as pessoas. As revelações particulares, como, por exemplo, as marianas, são dirigidas a pessoas ou grupos. Por isso, a Igreja não obriga seus fiéis a dar-lhes crédito. São revelações que ajudam no processo de salvação dos videntes e de outras pessoas, mas não são necessárias para a salvação. Não acrescentam nada ao conteúdo oficial da fé católica. Apenas, pode ajudar a explicitar mais o dado revelado e também e a vivência da fé revelada.

Aqui gostaríamos de destacar que existem muitos católicos muito mais ligados a aparições do que na história da revelação de Jesus como Salvador. Seguem as mensagens de muitas aparições, mas não buscam conhecer as Sagradas Escrituras; não vivem o amor ao próximo; não sofrem com a Igreja; não enfrentam, com ela, os grandes desafios da evangelização atual e não procuram conhecer profundamente a grande aparição de Deus, em nossa história: Jesus Cristo, o filho de Maria. O mais importante de tudo isso é caminhar com a Igreja, estando atentos ao que os pastores (papa e os bispos) ensinam em nome de toda a Igreja.

Se as devoções ligadas às aparições marianas não levarem os fiéis cristãos católicos a serem mais participantes na vida da Igreja, empenhados na união das famílias, engajados na luta por uma sociedade mais justa e fraterna, então há algo de errado nelas. Foi nesse sentido que Jesus disse palavras duras, quando denunciou gerações, chamando-as de "perversas", que somente queriam saber de sinais fabulosos, de coisas extraordinárias, de fantasias, mas não eram capazes de reconhecer o mais importante sinal de Deus para a humanidade, que era sua presença e seu anúncio do Reino; hoje, continuado pela proclamação da Igreja (cf. Mt 12,39).

Nas aparições, há um evidente valor teológico, pastoral e espiritual, contudo servem como sinal da presença e da atuação de Deus na história humana. Dessa maneira, elas se tornam instrumento de evangelização, de conversão, de cura física, espiritual e moral e de renovação espiritual para muitas pessoas. Assim, Deus se serve delas, para recordar a Revelação bíblica, conhecida, também, de histórico-sobrenatural, e enviar um recado específico para cada povo.

Nossa Senhora Aparecida
(Padroeira e Rainha do Brasil)

Em todo o Brasil, comemora-se no dia 12 de outubro a solenidade de Nossa Senhora Aparecida, sua Rainha e Padroeira. A devoção a Nossa Senhora Aparecida, uma das principais expressões da piedade do povo brasileiro, teve início em 1717, quando os três pescadores, Domingos Garcia, João Alves e Felipe Pedroso, foram incumbidos de conseguir certa quantidade de peixes no rio Paraíba do Sul – ocasião da passagem, por Guaratinguetá, do conde de Assumar, em viagem para a tomada de posse como governador de São Paulo e das Minas de Ouro.

Esses três humildes pescadores estavam, já havia algum tempo, em uma pescaria sem êxito. No entanto, após terem encontrado na rede o corpo e a cabeça de uma imagem – a Imaculada Conceição –, a pesca foi abundante. Os pescadores viram nesse fato algo de sobrenatural. A pequena imagem de cor negra foi levada para a casa de um deles e aí, então, passou a ser venerada com o título de Nossa Senhora da Conceição Aparecida, porque foi encontrada – aparecida – nas águas do Rio Paraíba do Sul. Aos poucos, as pessoas se reuniram ao redor daquela imagem para rezar e agradecer, crescendo, cada vez mais, o número de fiéis para cultuá-la, venerá-la.

Nossa Senhora Aparecida foi elevada à condição de padroeira do Brasil em 16 de julho de 1930, pelo papa Pio XI. A nova Basílica Nacional de Nossa Senhora Aparecida foi inaugurada pelo papa João Paulo II, em sua primeira visita ao Brasil, no dia 4 de julho de 1980.

Não há visões nem palavras da Virgem de Aparecida, mas há uma mensagem bem clara que brota da própria imagem e do contexto histórico em que ela apareceu, no Rio Paraíba do Sul. Vamos olhar, agora, para a imagem de Nossa Senhora Aparecida e entender o que ela nos diz.

A mãe Aparecida nos traz Jesus: a imagem pequenina é uma escultura da Imaculada Conceição. Ela está grávida, porque a missão de Maria é nos dar Jesus, fruto bendito de seu ventre. A mãe Aparecida nos reúne em comunidade eclesial. A cabeça vem separada do corpo.

Como Maria é a imagem da Igreja, tal separação representa simbolicamente o Povo de Deus, como corpo e o próprio Cristo, como cabeça de uma nova humanidade. É preciso unir corpo e cabeça para que o povo se torne corpo místico (espiritual) de Cristo.

A mãe Aparecida nos chama a ser Igreja: foi pescada e colocada dentro de uma barca, que é o símbolo da Igreja de Jesus. Ela nos convida a viver dentro da Igreja, como participantes fiéis e ativos. A mãe Aparecida nos convida à oração: tem as mãos postas em oração, revelando seu papel de intercessora junto a Deus por nós e convidando a unirmo-nos a ela em oração. A mãe Aparecida brota das águas: a água é elemento de vida e de purificação. Ela nos recorda a importância de nosso batismo como novo nascimento e da confissão, como purificação e perdão.

A mãe Aparecida é solidária com os pobres: faz-se pescar por três pescadores pobres e trabalhadores. A pescaria milagrosa os liberta da ameaça dos poderosos. E as casas desses pescadores tornam-se o primeiro templo de Nossa Senhora Aparecida.

A mãe Aparecida é solidária com os negros: a cor negra da imagem traduz a solidariedade de Maria com a raça negra, tão injustamente escravizada. Sua cor denuncia o pecado do preconceito racial e anuncia a esperança de liberdade.

A mãe Aparecida é o sorriso de Deus para nós: os lábios da imagem estão entreabertos em um doce sorriso. É um sorriso de bondade materna, que alimenta nossa confiança na misericórdia de Deus para conosco.

A mensagem de Aparecida
Pe. João Batista de Almeida
(Reitor do Santuário Nacional)

Em outubro de 1717, três pobres pescadores foram intimados a pescar nas águas do Rio Paraíba do Sul, no interior do Estado de São Paulo, para oferecer peixes à comitiva do Conde de Assumar, que passava pela região. Após horas lançando as redes e recolhendo-as vazias, no Porto de Itaguaçu, os três pescadores sentiram que algo pesado fora pescado: era o corpo de uma imagem de Nossa Senhora da Conceição. Mais um lançamento das redes e apareceu a cabeça da santa. Domingos Garcia, João Alves e Felipe Pedroso sentiram naquele encontro um sinal vindo do céu. A partir daí, nasceu a devoção a Nossa Senhora Aparecida. Diferentemente de outras devoções marianas, em Aparecida não há visões nem palavras. Entretanto, há uma mensagem bem clara, que brota da própria imagem e do contexto histórico em que ela apareceu.

1. Maria Aparecida nos traz Jesus: a imagem pequenina é uma escultura da Imaculada Conceição. Ela está grávida, porque a missão de Maria é oferecer-nos Jesus, fruto bendito do seu ventre.

A imagem não traz o Menino, significativamente para nos ter – a todos nós – em seu colo materno.

2. Maria Aparecida nos reúne em comunidade: a cabeça vem separada do corpo. Como Maria é sinal e tipo da Igreja, tal separação representa, simbolicamente, o Povo de Deus como corpo e o próprio Cristo, como Cabeça de uma nova humanidade. É preciso unir corpo e cabeça para que o povo se torne Corpo místico de Cristo.

3. Maria Aparecida nos convida a ser Igreja: foi pescada e colocada dentro de uma barca. A barca é o símbolo evangélico da Igreja de Jesus. Ela nos convida a viver dentro da Igreja, como participantes fiéis e ativos.

4. Maria Aparecida nos convida à oração: tem as mãos postas em oração, revelando seu papel de intercessora junto a Deus por nós e convidando-nos a nos unir a ela em oração.

5. Maria Aparecida nos ensina a sermos humildes: a imagem pequenina, de 36cm apenas, quase que se esconde dentro da imensa Basílica. É preciso ser humilde para que o Senhor possa fazer grandes coisas em nossas vidas.

6. Maria Aparecida brota das águas: a água é elemento de vida e de purificação. Ela nos lembra a importância do nosso batismo como novo nascimento e da confissão, como purificação e perdão.

7. Maria Aparecida é solidária com os pobres: faz-se pescar por três pescadores pobres e trabalhadores. A pescaria milagrosa os liberta da ameaça dos poderosos. E a casa desse pescador torna-se o primeiro templo de Nossa Senhora Aparecida.

8. Maria Aparecida é solidária com os negros: a cor negra da imagem traduz a solidariedade de Maria com a raça negra, tão injustamente escravizada. Sua cor denuncia o pecado do preconceito racial e de toda exclusão, anuncia a esperança de libertação.

9. Maria Aparecida é esperança de unidade: A imagem encontrada – primeiro o corpo e depois a cabeça – foi reciclada e sua unidade foi refeita. Ela nos mostra que sempre é possível reconstruir a unidade dentro e fora de nós, por meio do carinho, do amor, da paciência.

10. Maria Aparecida é o sorriso de Deus para nós: os lábios da imagem estão entreabertos em um doce sorriso. É um sorriso de bondade maternal, que alimenta nossa confiança na misericórdia de Deus para conosco.

V

Orações marianas

Ave-Maria

Ave, Maria, cheia de graça, o Senhor é convosco, bendita sois vós entre as mulheres, e bendito é o fruto de vosso ventre, Jesus. Santa Maria, Mãe de Deus, rogai por nós, pecadores, agora e na hora de nossa morte. Amém!

Anjo do Senhor

O Anjo do Senhor anunciou a Maria, e ela concebeu do Espírito Santo. *Ave, Maria...*
Eis aqui a serva do Senhor! Faça-se em mim segundo a tua palavra. *Ave, Maria...*
E o verbo de Deus se fez carne e habitou entre nós. *Ave, Maria...*
Rogai por nós, Santa Mãe de Deus, para que sejamos dignos das promessas de Cristo.

Oremos: Infundi, Senhor, em nossos corações, a vossa graça para que, conhecendo pela anunciação do anjo a encarnação de vosso Filho, cheguemos por sua paixão e cruz à glória da ressurreição. Pelo mesmo Cristo, Senhor nosso. Amém.

Glória ao Pai...

Rainha dos céus

Rainha do Céu, alegrai-vos, aleluia! Porque quem merecestes trazer em vosso puríssimo seio, aleluia, ressuscitou como disse, aleluia! Rogai a Deus por nós, aleluia! Exultai e alegrai-vos, ó Virgem Maria! Aleluia! Porque o Senhor ressuscitou verdadeiramente. Aleluia!

Ó Deus, que vos dignastes alegrar o mundo com a Ressurreição de vosso Filho, Jesus Cristo, Senhor Nosso, concedei-nos, suplicamos-vos, que por sua Mãe, a Virgem Maria, alcancemos as alegrias da vida eterna. Por Cristo, Nosso Senhor.

Lembrai-vos

Lembrai-vos, ó piíssima Virgem Maria, que jamais se ouviu dizer que algum daqueles, que têm recorrido a vossa proteção, implorado vosso auxílio e reclamado vosso socorro, fosse por vós desamparado. Animado, pois, com igual confiança, a vós, Virgem das Virgens, como a Mãe, recorro; a vós me acolho e, gemendo sob o peso de meus pecados, prostro-me a vossos pés; não desprezeis minhas súplicas, ó Mãe do Filho de Deus, mas antes as atendei e ouvi propícia. Amém.

A vossa proteção

A vossa proteção recorremos, Santa Mãe de Deus. Não desprezeis nossas súplicas em nossas necessidades, mas livrai-nos sempre de todos os perigos, ó Virgem gloriosa e bendita.

Cântico do Magnificat

"A minha alma engrandece o Senhor, e meu espírito se alegrou em Deus, meu Salvador, porque Ele olhou para a humildade de sua serva. Todas as gerações, de agora em diante, me chamarão bendita, porque o Poderoso fez para mim coisas grandiosas. Seu nome é santo, e sua misericórdia se estende de geração em geração sobre aqueles que o temem. Ele mostrou a força de seu braço: dispersou os que têm planos orgulhosos no coração. Derrubou os poderosos de seus tronos e exaltou os humildes. Encheu de bens os famintos e mandou embora os ricos de mãos vazias. "Acolheu Israel, seu servo, lembrando-se de sua misericórdia, conforme prometera a Nossos Pais, em favor de Abraão e de sua descendência, para sempre" (Lc 1,39-56).

Salve-Rainha

Salve, Rainha, Mãe de misericórdia, vida, doçura e esperança nossa, salve! A vós bradamos os degredados filhos de Eva. A vós suspiramos, gemendo e chorando neste vale de lágrimas. Eia, pois, Advogada nossa, esses vossos olhos misericordiosos a nós volvei e, depois deste desterro, mostrai-nos Jesus, bendito o fruto do vosso ventre, ó clemente, ó piedosa, ó doce sempre Virgem Maria. Rogai por nós, Santa Mãe de Deus, para que sejamos dignos das promessas de Cristo.

Consagração a Nossa Senhora

Ó minha Senhora, ó minha Mãe, eu me consagro todo a vós e, em prova de minha devoção para convosco, eu te consagro neste dia meus olhos, meus ouvidos, minha boca, meu coração e inteiramente todo o meu ser. E, porque assim sou vosso, ó boa e incomparável Mãe, guardai-me e protegei-me como filho(a) e propriedade vossa. Amém.

Oração de São João Paulo II
Ó Rosário abençoado de Maria, doce corrente que nos liga a Deus, vínculo de amor, que nos une aos Anjos, torre de salvação contra os assaltos do inferno, porto seguro no naufrágio geral, nós jamais te abandonaremos. Tu serás nosso conforto na hora da agonia. Para ti o último beijo da vida que se extingue. E o último som de nossos lábios será teu nome suave, ó Rainha do Rosário, ó nossa querida Mãe, ó Refúgio dos pecadores, ó Soberana consoladora dos tristes. Sê por toda a parte abençoada, hoje e sempre, na terra e no céu. Amém.

Oração a Nossa Senhora Aparecida
Ó Senhora Aparecida, és mãe de Deus e Mãe do povo brasileiro. Ajuda-nos a seguir teu Filho Jesus, promovendo a justiça, que leva ao bem comum e à paz social. Anima nossos jovens na coragem de assumir a vocação e a se colocarem a serviço da vida. Ó Senhora Aparecida, livra-nos de todo o mal, das doenças e do pecado. Protege nossas comunidades e nossas famílias. Nossa Senhora Aparecida, roga por nós. Amém.

Conclusão

A presença materna da Virgem Santíssima na vida cristã e, mais particularmente na caminhada da Igreja Católica, será sempre uma verdade a nos interpelar, fazendo-nos refletir sobre nosso comportamento cristão. Maria, como a primeira discípula fiel, sempre nos convida a gerar Jesus na vida das pessoas, por meio da vivência da Palavra de Deus. Quem vive a Palavra de Deus gera a presença de Jesus nas pessoas, na comunidade eclesial e nos ambientes onde convive. E ninguém melhor do que Maria para nos impulsionar a viver a Palavra de Salvação, gerando Deus no mundo.

Por isso, relacionar-nos com Maria, por meio da oração da Igreja, e aprofundar a doutrina católica sobre essa mãe é, sem dúvida, uma graça especial, pois, como aprendizes na escola da Rainha dos Céus, poderemos percorrer o caminho da vida com entusiasmo, esperança e dedicação no serviço do Reino de Deus. Como diz o papa Francisco: "Se você quiser saber quem é Maria, pergunte aos teólogos. Se você quiser saber como amar Maria, pergunte ao povo. Amar Maria é ter suas atitudes, viver sua fé, desejar ser como ela".

Esperamos, com este livro, tê-lo ajudado a conhecer melhor a espiritualidade mariana e, dessa forma, ter realizado a vontade de Deus, dizendo como Maria: "Faça-se em mim segundo a tua Palavra" (Jo 1,38).

MISTO
Papel produzido a partir de fontes responsáveis
FSC® C132240

A marca FSC® é a garantia de que a madeira utilizada na fabricação do papel deste livro provém de florestas que foram gerenciadas de maneira ambientalmente correta, socialmente justa e economicamente viável.

Este livro foi composto com as famílias tipográficas Segoe e Minion Pro e impresso em papel Offset 75g/m² pela **Gráfica Santuário.**